ANALISI DEL LIBRO

AF132012

Yvain, il cavaliere del leone

. . . .

CHRÉTIEN DE TROYES

ANALISI DEL LIBRO

Scritto da Hadrien Seret
Tradotto da Sara Rossi

Yvain, il cavaliere del leone

CHRÉTIEN DE TROYES

CHRÉTIEN DE TROYES

POETA FRANCESE

- **Nato intorno al 1135**
- **Morto intorno al 1183**
- **Opere degne di nota**:
  - *Erec ed Enide* (1170 circa), romanzo
  - *Lancillotto, o Il cavaliere della carretta* (1177-1181 circa), romanzo
  - *Perceval, o La storia del Graal* (scritto tra il 1181 e il 1190), romanzo

Chrétien de Troyes è nato nel XII secolo. Nel corso del tempo è diventato una delle figure principali della letteratura medievale. Impiegato di formazione, prestò servizio alla corte della sua protettrice Maria di Francia (1174-1204 circa) prima di unirsi al conte delle Fiandre, Filippo d'Alsazia (1143-1191).

È noto soprattutto per le sue doti di romanziere: scrisse *Erec ed Enide* intorno al 1170, *Cligès* intorno al 1176, *Yvain, il cavaliere del leone* intorno al 1177, *Lancillotto, o, Il cavaliere del carro* intorno al 1177-1181 e *Perceval, o, La storia del Graal* tra il 1181 e il 1190, anche se la storia fu lasciata incompiuta. Il fatto che queste opere fossero ambientate nell'universo dei cavalieri di Re Artù contribuì al loro incredibile successo e alla popolarizzazione di un genere prima relativamente sconosciuto. Adattò anche i miti di Ovidio (poeta latino, 43 a.C.–17/18 d.C.) e compose due canzoni cortesi.

YVAIN, IL CAVALIERE DEL LEONE

UNO DEI PRIMI LIBRI DELLA LETTERATURA FRANCESE

- **Genere**: romanzo
- **Edizione di riferimento**: Chrétien de Troyes (1914) *Yvain, il cavaliere del leone*. Trans. Comfort, W.W. London: Everyman's Library.
- **1ª edizione**: 1177
- **Temi**: ricerca, coraggio, Bretagna, amore, onore, cavalieri

Yvain, il cavaliere del leone è un romanzo in versi ottonari pubblicato intorno al 1177 che racconta le avventure di Yvain. Attraverso il personaggio principale, ancorato all'universo arturiano, Chrétien sviluppa l'idea di un cavaliere sempre alla ricerca di imprese per dimostrare il proprio coraggio, ma che non esita ad aiutare i deboli quando la situazione lo richiede. Il leone nel racconto simboleggia il suo atletismo e la sua dirittura morale. Tuttavia, non riesce a trovare un modo per unire l'onore e l'amore e deve lavorare duramente per rimediare a questa mancanza.

L'originalità della trattazione dei temi del romanzo e la sua incredibile eredità ne fanno un'opera essenziale della letteratura francese del Medioevo.

SINTESI

Re Artù ha convocato la sua corte per celebrare la Pentecoste. Quando la festa è in pieno svolgimento, viene chiamato dalla regina nel suo alloggio. Rimane con lei così a lungo da addormentarsi. Fuori dalla stanza, alcuni cavalieri, tra cui Gawain, Yvain e il seneschal Kay, ascoltano il cugino di Yvain, Calogrenant, raccontare una storia vergognosa su un fatto che gli è accaduto. Sette anni fa, durante una missione, incontrò uno strano uomo dall'aspetto primitivo che faceva la guardia ai tori, il quale gli disse che nel cuore della foresta di Broceliande c'era una radura con una fontana magica. Secondo l'uomo, l'acqua di questa fontana poteva creare una potente tempesta se una piccola quantità di essa veniva versata sulla pietra accanto ad essa. Incuriosito, Calogrenant si recò alla ricerca della fontana e, dopo aver seguito il consiglio dello strano uomo, scatenò un disastro. Subito dopo arrivò un cavaliere che lo sfidò, sostenendo che la sua proprietà era stata danneggiata dalla tempesta. Dopo aver ricevuto un'accurata bastonata, Calogrenant tornò alla corte di Artù, fingendosi pazzo per evitare il disonore.

A causa del loro sangue comune, Yvain decide di vendicare Calogrenant. Allo stesso tempo, Artù, a cui la regina ha raccontato la storia, vuole andare a vedere con i suoi occhi questa meraviglia. Yvain non vuole viaggiare con il re, che intende partire tra due settimane, e parte subito alla ricerca di questo luogo meraviglioso. Lo raggiunge e scatena una tempesta. Il cavaliere appare di nuovo e lo sfida, ma Yvain riesce a sconfiggerlo, ferendolo mortalmente. Dopo aver inseguito l'avversario in fuga, Yvain viene intrappolato e imprigionato nel suo castello.

Proprio quando sembra vicino alla morte, Yvain riceve l'aiuto inaspettato di Lunete, la serva della moglie del cavaliere sconfitto. La donna gli dona un anello che ha il potere di rendere invisibile chi lo indossa. Questo permette al cavaliere di evitare la folla di abitanti del villaggio venuti a vendicare il loro signore, nel frattempo morto. Tuttavia, questa esperienza lascia un segno in Yvain: si innamora della dama del castello, che in seguito scopriremo essere Laudine de Landuc. Poiché Yvain non è disposto a trovare un modo per corteggiarla, Lunete escogita un piano per fargli guadagnare i favori della signora e alla fine i due si sposano.

Qualche tempo dopo, Artù arriva alla fontana gorgogliante e scatena una nuova tempesta. Yvain, che ora è il signore del castello, sfida il re, che permette a Kay di combattere in suo favore. Yvain sconfigge facilmente il seneschal, dopodiché racconta ad Artù chi è e cosa gli è successo. Si dirigono al castello, dove viene organizzato un grande banchetto. Durante il banchetto, Gawain rimprovera a Yvain di dedicare tutte le sue attenzioni alla moglie a scapito del suo valore: gli propone di andare al torneo con lui per ristabilire la sua reputazione. Laudine de Landuc accetta a una condizione: che torni al castello tra un anno. Yvain accetta la richiesta e parte con Gawain. Vince molte giostre, al punto da dimenticare la promessa fatta alla moglie. Quando si rende conto di ciò che ha fatto, è già passato un anno e mezzo. Un messaggero della moglie viene a dirgli che la loro relazione è finita.

Questa notizia fa impazzire Yvain. Inizia a vivere nudo nel bosco e sopravvive solo grazie ad un eremita gentile. Un giorno, mentre dorme in un boschetto, una serva lo riconosce. Riesce a curare la sua follia grazie a un unguento magico della sua padrona, la signora di Noroison. Mentre si riprende nelle terre del suo benefattore, queste vengono attaccate dal conte Alier. Yvain prende le armi, lo sconfigge e poi parte. Durante il viaggio, salva un leone da un serpente e l'animale decide di diventare il suo compagno di viaggio.

Nella radura, Yvain si lamenta delle cattive decisioni prese e, dopo essersi ripetutamente rimproverato, cade a terra svenuto. La sua spada cade nel fodero e lo ferisce. Il leone, vedendo il sangue del suo padrone, si impadronisce dell'arma e si suicida. Tuttavia, Yvain alla fine si riprende e il leone ci ripensa. I lamenti del cavaliere sono stati uditi da Lunete, che è stata rinchiusa poco lontano dopo essere stata incolpata dell'affronto di Yvain nei confronti della moglie. È stata condannata a morte sul rogo. Gli chiede aiuto, perché l'unico modo per sfuggire alla punizione è trovare un cavaliere che la difenda da tre dei suoi accusatori. Yvain accetta di aiutarla. Passa la notte nel castello di un signore che lo accoglie onorevolmente nonostante la disgrazia che presto subirà: un gigante di nome Arpino della Montagna verrà il giorno dopo a uccidere i suoi quattro figli se non gli consegnerà la figlia. Yvain, che si fa chiamare Cavaliere con il Leone, affronta e uccide il gigante con l'aiuto della sua bestia. Salva poi Lunete dal rogo all'ultimo momento sconfiggendo le tre persone che l'hanno accusata ingiustamente. A lavoro finito, se ne va ancora una volta.

Ferito gravemente dalla battaglia, viene curato dalle figlie del signore della Noire Espine, che lo accoglie. Quando il signore muore, la figlia maggiore cerca di rubare l'eredità alla sorella minore. La lite viene portata a Re Artù. Artù, dopo aver scoperto che la sorella maggiore è riuscita ad ottenere l'appoggio di Gawain, prega la donna più giovane di trovare qualcuno che la difenda entro 40 giorni. La donna parte quindi alla ricerca di un cavaliere chiamato Cavaliere con il Leone. Lo trova grazie a Lunette e riesce a convincerlo ad aiutarla; i due si dirigono alla corte di Artù. Durante il viaggio, si rifugiano nel castello di Pesme Avanture per la notte. Yvain e la sorella scoprono centinaia di ragazze che vengono sfruttate da due diavoli diabolici. Rimangono intrappolate nel castello e si salvano solo grazie al valore del cavaliere, che distrugge la coppia di malvagi. Quando il termine della disputa si avvicina, Yvain e la sorella più giovane si dirigono velocemente verso il castello di Re Artù.

Una volta arrivate, le due sorelle presentano entrambe il loro caso. Tra Gawain e Yvain inizia un combattimento che si protrae fino al tramonto, senza che emerga alcun vincitore. Dopo aver posto fine al duello, Artù costringe la sorella maggiore a restituire la parte di eredità spettante alla sorella.

Qualche giorno dopo, Yvain si reca alla fontana bollente e scatena una tempesta. Laudine de Landuc crede di essere spacciata, poiché il suo castello non è più protetto, ma Lunete riesce a riconciliare la coppia grazie alla sua prontezza di riflessi. I due ricominciano a vivere insieme.

STUDIO DEL CARATTERE

YVAIN

Yvain è il personaggio principale del romanzo e viene presentato da Chrétien come un cavaliere valoroso e cortese della corte di Re Artù. È il figlio di re Urien e il cugino di Calogrenant, che lo ha ispirato a iniziare la sua ricerca.

Fin dalle prime pagine del racconto, è chiaro che Yvain è un personaggio molto testardo: è talmente concentrato nel portare a termine il suo compito da perdere ogni capacità di riflessione (l'autore lo descrive addirittura come un "pazzo", p. 36) e da rimanere intrappolato dal suo avversario. Tuttavia, anche quando è imprigionato e impaurito, il suo unico desiderio è quello di rintracciare il suo nemico. Questa testardaggine è evidente anche quando incontra per la prima volta Laudine di Landuc: il cavaliere se ne innamora e dichiara di essere pronto a fare qualsiasi cosa per il suo amore.

La sua follia e la perdita della moglie lo portano gradualmente a cambiare atteggiamento: diventa malinconico e altruista. Chiamatosi "Cavaliere con il Leone" per nascondere la sua identità e la sua vergogna, Yvain intraprende il cammino della redenzione, spinto dal leone, che diventa il suo simbolo: lo vediamo quindi venire in aiuto di molte persone bisognose, e non esita ad accettare altre missioni, anche se lo distraggono da quella su cui è concentrato (ad esempio, gli episodi di Harpin della Montagna e del castello di Pesme Avanture). Tuttavia, è tormentato dal ricordo del suo fallimento e rifiuta sistematicamente ogni forma di riconoscimento e di gloria ("Non oserei, finché non sapessi con certezza di aver riconquistato la benevolenza della mia signora", p. 55).

Tuttavia, è la sua bravura unita alla sua umiltà che gli permette di riconquistare il cuore della sua amata e di diventare il cavaliere perfetto.

LA LAUDINE DI LANDUC

La Laudine de Landuc è in origine la moglie del protettore della fontana, che viene ucciso da Yvain. È un esempio di interesse romantico comune ai romanzi di Chrétien: di norma, questo personaggio è una donna di alto rango che, pur essendo inizialmente irraggiungibile, viene sedotta dall'abilità cavalleresca del protagonista e accetta di sposarlo.

Tuttavia, un tratto la distingue da questo stereotipo: la sua indecisione. Infatti, non prende le sue due decisioni su Yvain, la prima sul matrimonio e la seconda sul suo ritorno, in modo del tutto indipendente. Sebbene tenda a propendere per il rifiuto, finisce sempre per cambiare completamente opinione sotto pressione o in seguito all'astuzia di Lunete. Un altro esempio della sua incapacità di prendere decisioni si ha quando Yvain si reca per l'ultima volta alla fontana: mentre la dama si lamenta per quella che crede essere la sua fine, Lunete le dimostra che in realtà non ha nulla da temere.

È quindi un personaggio che non ha alcun controllo sugli eventi, ma ne è semplicemente influenzato.

LUNETE

Lunete è la serva di Laudine de Landuc e funge da intermediario tra l'eroe e i diversi personaggi della storia:

- Fa da tramite tra l'eroe e l'ambiente ostile del castello in cui è imprigionato. Lo salva dandogli il suo anello magico, lo nutre, lo lava, lo veste e così via.

- Grazie alla sua astuzia, Yvain e Laudine de Landuc si incontrano e si innamorano.

- Grazie ai suoi preziosi consigli, la figlia minore della Noire Espine riesce a trovare Yvain in tempo per portarlo da Artù.

- Infine, lei e la sua astuzia permettono al Cavaliere con il Leone e a Laudine di Landuc di riconciliarsi.

IL LEONE

Il leone è un personaggio importante: è il "nucleo simbolico del romanzo". Infatti, dopo essere stato salvato da Yvain durante una violenta battaglia contro un serpente sputafuoco, il leone rimane al fianco del cavaliere. Tra i due protagonisti si sviluppa quindi un rapporto molto forte: i due ormai combattono solo l'uno al fianco dell'altro e l'uno salva sempre la vita all'altro. Yvain diventa invincibile, sconfiggendo ogni avversario che affronta grazie alla bestia. Il leone lo aiuta a curare la sua follia e a trovare la strada della gloria, dell'onore, del perdono e dell'amore coniugale. Con lui al suo fianco, Yvain diventa il Cavaliere con il Leone e gradualmente riconquista la sua umanità. Il leone simboleggia il coraggio, la nobiltà e la forza e trasmette queste qualità al cavaliere durante i combattimenti che affrontano insieme.

Tuttavia, mette in luce anche le debolezze di Yvain, che sembra incapace di vincere le battaglie senza l'aiuto del suo compagno. Infatti, l'unica battaglia che Yvain combatte senza il leone è quella contro Gawain – poiché se ne va a combattere senza svegliare l'amico, che è in un sonno profondo – che non ha vincitori. Tuttavia, senza Yvain, il leone non avrebbe potuto sconfiggere il serpente. Questi due personaggi sono quindi strettamente legati e non possono svilupparsi in modo positivo nel loro universo senza l'altro.

ANALISI

IL ROMANZO MEDIEVALE

Oggi è facile trovare versioni dei romanzi di Chrétien de Troyes scritte in prosa, talvolta semplificate o abbreviate. Tuttavia, dobbiamo tenere presente che le attuali edizioni delle opere dell'autore non sono altro che adattamenti alle nostre abitudini di lettura.

Nel Medioevo, i romanzi erano scritti in versi, il più delle volte in octosillabi (un verso con otto sillabe). Il motivo di questa scelta è dovuto principalmente alla mancanza di lettura silenziosa dell'epoca: i romanzi erano quindi destinati ad essere letti ad alta voce a un ascoltatore o a un pubblico. In quest'ottica, i versi sono molto utili, perché facilitano la memorizzazione del testo da parte del lettore grazie al frequente uso di rime.

BRETAGNA

Chrétien si ispira alla Materia della Gran Bretagna per i suoi libri.

Le origini

La Materia della Britannia designa un insieme di racconti e leggende di origine celtica, inizialmente trasmessi oralmente. In questi racconti incontriamo personaggi e scopriamo luoghi che oggi sono diventati parte della cultura popolare, come Re Artù, i Cavalieri della Tavola Rotonda, la foresta di Broceliande, Mago Merlino e la coppia Tristano e Isotta.

Questo insieme di storie ebbe una particolare importanza alla corte della Casa Plantageneta di Anjou nel XII secolo. Infatti, il re Enrico II (1519-1559) ottenne la sovranità sulla Francia occidentale e sull'Inghilterra, che già possedeva, grazie al matrimonio con Eleonora d'Aquitania (1122-1204). In questo modo regnava su un territorio più vasto di quello del re di Francia. Tuttavia, il re di Francia lo superava ancora in quanto a patrimonio, poiché sosteneva di discendere da Carlo Magno (re dei Franchi, 742/747-814). Di conseguenza, la celebrazione di Artù nella letteratura nelle terre di proprietà della Casa Plantageneta è probabilmente dovuta al fatto che Enrico II voleva arricchire la sua dinastia con un'origine mitologica altrettanto imponente.

La tradizione arturiana nei romanzi in versi

L'universo arturiano fu un tema comune nella letteratura medievale tra la fine del XII secolo e l'inizio del XIII secolo. Ci sono diversi elementi ricorrenti nei romanzi di questo periodo:

- **Un luogo e un tempo fissi**. L'azione si svolge sempre nel sud della Gran Bretagna, dove in genere si trovano città, castelli, foreste e brughiere. Dal punto di vista temporale, i personaggi vivono sempre nello stesso periodo: il prospero XII secolo.

- **Personaggi ben definiti**. Il lettore viene sempre introdotto alla corte di Artù, che riunisce un numero limitato di personaggi con nature e relazioni ben definite. In genere si tratta di Re Artù, della Regina Ginevra, del Seneschal Kay e di Gawain, il nipote del Re.

- **La centralità di Artù**. Il re ha un ruolo centrale nella storia anche se non ne fa parte, come nel caso di *Yvain, il cavaliere del leone*. In effetti, Artù è il centro della corte, da cui l'eroe parte e torna sempre. Chrétien non presenta mai formalmente il re e la sua regina, perché sono personaggi che tutti conoscono già.

- **Un elemento antistorico**. I racconti arturiani non hanno un vero e proprio legame con la storia, poiché i personaggi sono fissati in un arco temporale che è unico per la storia. Inoltre, anche se esiste una cronologia degli eventi, il tempo non cambia nulla e i personaggi non hanno memoria di ciò che hanno vissuto da una storia all'altra.

È in questo contesto che Chrétien ambienta le sue storie.

Lo stile unico di Chrétien

Chrétien può anche ispirarsi alla Materia della Britannia e ambientare i suoi racconti nella leggenda arturiana, ma in cosa si differenzia dagli altri autori dell'epoca?

In primo luogo, Chrétien crea un universo narrativo coerente che include tutte le caratteristiche precedentemente menzionate. Di conseguenza, tutti i suoi personaggi sono effettivamente ben definiti, ma egli conferisce loro anche caratteristiche molto particolari che compaiono ripetutamente in tutti i suoi romanzi: ad esempio, l'infido Seneschal Kay non sa tenere a freno la lingua. Gli autori che vennero dopo Chrétien adottarono queste caratteristiche, rendendo la sua opera un modello per quelli successivi.

Inoltre, a differenza dei suoi predecessori che hanno fatto della storia il tema delle loro opere, i romanzi di Chrétien sono costruiti intorno a un personaggio, l'eroe della storia (in questo caso, Yvain). Va notato che *Perceval, o La storia del Graal* è un'eccezione a questa regola, perché l'autore si concentra sulle storie di Perceval e Gawain. Di conseguenza, Chrétien "non ha la pretesa di raccontare la storia del regno di Artù [...] Ogni storia particolare è presentata come un frammento di un tutto, come una parte di una vasta storia di cui si suppone che ogni lettore comprenda la continuità implicita" (Zink, 2014: 142). Si presume quindi che il lettore conosca la storia di Artù, poiché non ci viene presentata e quindi non ha alcuna importanza nel racconto.

Infine, l'amore gioca un ruolo importante, a volte addirittura essenziale, in tutti i romanzi di Chrétien. È il caso di Yvain e della sua dama, poiché, non rispettando la sua promessa, il cavaliere spezza il cuore della sua amata e di conseguenza cerca di riconquistarlo diventando un eroe degno di questo nome. L'amore è quindi una delle cause dell'infelicità di Yvain e anche uno dei suoi obiettivi: ha un ruolo importante nella storia.

Chrétien sfrutta la Materia di Britannia e l'universo arturiano preesistente, conferendo loro un aspetto nobile e contribuendo alla loro posterità.

LA STRUTTURA CANONICA E IL FLUSSO DI UN ROMANZO DI CHRÉTIEN DE TROYES

Come ammette lo stesso autore, la vera originalità dei suoi romanzi risiede in quello che lui chiama "il flusso", cioè il modo in cui racconta la storia. Il contenuto in sé non ha alcun valore per lui, poiché proviene o da ciò che i suoi committenti desiderano o da una ricchezza di materiale preesistente.

Osservando più da vicino la sequenza degli eventi nei vari romanzi di Chrétien, risulta evidente che sono quasi tutti strutturati allo stesso modo e possono essere suddivisi in sei fasi:

- **La ricerca**. Il più delle volte, la ricerca è di un oggetto, di una persona o di una meraviglia. In *Yvain, il cavaliere del leone*, la ricerca del cavaliere è quella di trovare il protettore della fontana bollente per vendicare suo cugino.

- **La scoperta di qualcosa di meraviglioso**. Questo oggetto può avere qualsiasi tipo di aspetto e spesso è magico. La fontana bollente e la tempesta che provoca sono gli oggetti meravigliosi di questo racconto.

- **L'amore per una dama**. Come già detto, questo amore riguarda spesso una donna di sangue nobile, che il cavaliere riesce a sedurre con la sua bravura. In *Yvain, il cavaliere del leone*, è la reputazione di Yvain, che Lunete si premura di sottolineare, a far innamorare di lui Laudine de Landuc.

- **L'accusa di mancanza di valore**. Nel romanzo, il protagonista viene criticato perché, da quando si è sposato, ha dedicato la maggior parte del suo tempo alla moglie piuttosto che ai suoi doveri di cavaliere. Gawain lo rimprovera apertamente per questo: "Cosa? Sarai tu uno di quelli […] che degenerano dopo il matrimonio?" (p. 32).

- **La realizzazione di atti di coraggio e di prodezza**. Per rispondere alle critiche che gli vengono rivolte, l'eroe viaggia per il mondo e compie molte imprese per dimostrare il suo coraggio. Di conseguenza, Yvain parte per un anno con Gawain per dimostrare il suo valore in un torneo.

- **La riconciliazione e il ritorno all'ovile**. Una volta dimostrato il proprio coraggio, il protagonista torna dalla sua amata e i due vivono felici e contenti. Yvain si riconcilia con la sua donna solo dopo aver compiuto le sue azioni di redenzione.

I TEMI DI YVAIN, IL CAVALIERE DEL LEONE

Come dimostra lo schema canonico dei romanzi di Chrétien, ogni racconto dell'autore è costruito sull'opposizione fra onore e amore, con l'obiettivo di dimostrare che è possibile trovare un equilibrio tra i due.

Onore

Nel Medioevo, la nozione di onore era strettamente legata alla realizzazione di atti eroici. Infatti, il cavaliere può guadagnarsi il rispetto dei suoi pari solo compiendo imprese gloriose. È in quest'ottica che dobbiamo comprendere il costante desiderio dei cavalieri di partire per le missioni: il più delle volte cercano di affrontare lo straordinario per dimostrare il loro valore alla corte.

In *Yvain, il cavaliere del leone*, Chrétien aggiunge una nuova dimensione all'onore: l'altruismo. Di conseguenza, il cavaliere immaginario non si limita più a compiere atti di bravura per dimostrare il proprio valore, ma interviene liberamente per aiutare le persone in difficoltà.

L'amore

Chrétien presenta nei suoi romanzi una visione molto innovativa dell'amore. È significativamente diversa dal concetto di amore cortese che prevaleva in precedenza.

L'amore cortese è un tema molto comune nella poesia e si basa sull'impossibilità di sposarsi tra un uomo e la sua amata perché lei è di rango superiore al suo. Questa situazione causa ad entrambi una grande sofferenza. A volte l'amore può diventare fisico, ma solo attraverso l'adulterio, che l'autore disapprova.

Chrétien costruisce il suo concetto di amore sulla possibilità di un tale matrimonio se vengono soddisfatte due condizioni:

- il cavaliere deve conquistare il cuore della sua amata attraverso atti di coraggio;

- dopo il matrimonio, il cavaliere deve continuare a mantenere la sua reputazione cavalleresca compiendo nuovi atti di bravura, affinché il suo amore non vada a scapito del suo valore.

L'unione di questi due elementi, l'onore e l'amore, permette al protagonista di diventare un cavaliere perfetto.

Il cavaliere errante

Come dice Michel Zink, "la figura solitaria del cavaliere errante, che Chrétien ha praticamente inventato dal nulla, è la manifestazione della posta in gioco nei suoi romanzi" (Zink: 143). In *Yvain, il cavaliere del leone*, Yvain incarna questa figura di cavaliere errante, intraprendendo tre diverse missioni:

- **La ricerca dell'identità**. Yvain credeva di sapere chi fosse fino a quando non ha mancato di mantenere la sua promessa ed è stato consumato dalla follia, che potrebbe essere paragonata a una crisi di identità. Grazie all'incontro con il leone, riesce finalmente a tenere alta la testa e ad affermare di essere il Cavaliere con il Leone. Le avventure che affronta, con il suo compagno al fianco, gli permettono anche di scoprire se stesso.

- **La ricerca dell'amore**. Dopo aver perso l'amore della sua dama, il cavaliere impazzisce. Credeva di essere il cavaliere perfetto, ma non è riuscito nemmeno a tenersi la moglie. Affronta ogni sorta di pericolo per dimostrare il suo valore e riconquistare l'amore perduto.

- **La ricerca dell'altro**. Yvain scopre anche altre persone durante le sue avventure. Affronta nemici, soccorre vittime e si rende conto dell'esistenza di altri.

L'idea di cavaliere di Chrétien è quindi quella di un uomo tutt'altro che perfetto, un uomo che deve superare le sue debolezze attraverso queste tre missioni per diventare il decantato cavaliere perfetto.

IL MERAVIGLIOSO

Il meraviglioso è un elemento ricorrente nel romanzo arturiano, qualunque sia la forma che assume. La parola "meraviglia" deriva dal francese "merveille", che a sua volta deriva dal latino "mirabilia". "Mirabilia" significa "lo sguardo": una meraviglia è quindi qualcosa che stupisce, che cattura lo sguardo, che è ammirevole.

Nelle storie medievali, il termine "meraviglia" o "meraviglioso" indica generalmente che il racconto sarà caratterizzato da un elemento fantastico. Il lettore si troverà quindi di fronte a qualcosa di soprannaturale. Incorporando l'anello che Lunete dà a Yvain per renderlo invisibile ai suoi nemici, Chrétien introduce un elemento meraviglioso nel suo testo.

Tuttavia, l'elemento meraviglioso non deve essere confuso con il miracolo, altra manifestazione del soprannaturale. Infatti, quando l'evento è di origine divina, non è più meraviglioso ma un miracolo. Questo tipo di elemento soprannaturale si trova anche nei testi medievali. I miracoli sono molto rari nelle opere medievali: si trovano più spesso nel teatro religioso medievale quando, ad esempio, una santa di nome Barbe spacca in due il muro del suo castello con una preghiera (*Le mystère de sainte Barbe en cinq journées*).

L'elemento meraviglioso non pretende quindi di essere di origine divina, ma ha radici pagane. Questo è in particolare il caso dell'anello magico, un tema ricorrente nella letteratura, utilizzato anche da J. R. R. Tolkien (1892-1973) nella sua trilogia de *Il Signore degli Anelli*.

UNO STILE DI SCRITTURA PARTICOLARE

Le opere di Chrétien hanno uno stile e un tono unici.

L'autore sceglie a volte di usare un tono leggero e umoristico nei suoi testi, il che è evidente da un certo grado di prospettiva che assume nei confronti della storia. Di conseguenza, i suoi personaggi si trovano talvolta in situazioni in cui assumono un atteggiamento inaspettato o fin troppo prevedibile. Chrétien non esita a usare le asides o a lasciare che il narratore commenti alcuni aspetti negativi del personaggio in questione. Ciò è particolarmente evidente nella scena del tentato suicidio del leone, quando l'autore dice: "Non si è mai sentito narrare o raccontare un dolore più grande di quello che ora cominciava a mostrare" (p. 43). Considerando l'angoscia che il leone prova per un semplice malinteso, senza nemmeno verificare che il suo padrone sia morto, possiamo supporre che Chrétien si stia sottilmente prendendo gioco della reazione esagerata del suo personaggio rivolgendosi al lettore con un tono leggermente umoristico. Egli sottolinea la natura apparentemente straordinaria di questa scena emotiva, che in realtà è piuttosto ridicola. Un altro esempio, più esplicito, è quando Yvain insegue il cavaliere della fontana dopo averlo ferito mortalmente: "Il cavaliere si precipitò esattamente attraverso di essa, con il mio signore Yvain che lo seguiva follemente, e così vicino a lui che lo teneva per la sella dietro. Fu un bene per lui che fosse teso in avanti, perché se non fosse stato per questa fortuna sarebbe stato tagliato da parte a parte" (p. 15). Notiamo che Chrétien paragona il suo eroe a un pazzo, che per caso è fortunato. Egli mette quindi in evidenza il tratto molto prevedibile del cavaliere che si butta in ogni avventura senza pensarci due volte. Attraverso questo paragone poco lusinghiero, il narratore commenta quindi un aspetto negativo del cavaliere che si lancia nell'azione senza riflettere.

Lo stile di Chrétien è anche degno di nota per il fatto che è il primo scrittore a non rispettare l'unità del distico di ottave (aa, bb, cc, e così via), che era lo standard dei versi dell'epoca: il significato della frase va quindi al di là delle due righe del verso. Ad esempio: "Quando si fece notte e giunse l'ora di cena. Il vavasor venne a cercarmi" (p. 7). Notiamo che l'idea della frase non si ferma ai primi due versi che formano il distico di ottosillabi in francese antico, ma prosegue al terzo. Questa rottura compare spesso in *Yvain, il cavaliere del leone*, e permette al lettore di avere la sensazione di leggere un testo scritto in modo più naturale.

Tutte queste particolarità fanno di Chrétien uno dei più grandi autori francesi del Medioevo.

ULTERIORI RIFLESSIONI

ALCUNE DOMANDE SU CUI RIFLETTERE...

- Confrontate la Laudine di Landuc con gli interessi romantici degli altri libri di Chrétien. Quali somiglianze e differenze riuscite a individuare?

- In generale, come rappresenta Chrétien l'interesse amoroso nelle sue opere?

- Yvain è un cavaliere perfetto, secondo Chrétien? Giustificate la vostra risposta.

- Confrontate il modo in cui le caratteristiche «eroiche» sono cambiate nel corso dei secoli. Basate la vostra risposta su esempi tratti dalla letteratura.

- Spiegate il titolo del romanzo, *Yvain, il cavaliere del leone*. Qual è il ruolo del leone e cosa rappresenta?

- Fornite esempi di personaggi o luoghi della Materia della Gran Bretagna che oggi fanno parte della cultura popolare.

- Le opere di Chrétien seguono quasi sempre lo stesso schema. Descrivete questo schema, basando la vostra risposta su esempi tratti dal libro.

- Le trame dei libri di Chrétien sono sempre basate sull'opposizione tra onore e amore. Conosce altri autori che mettono in contrapposizione questi valori? Li trattano allo stesso modo di Chrétien?

- In che modo la visione dell'amore di Chrétien è diversa dall'amore cortese?

- L'universo dei Cavalieri della Tavola Rotonda è oggi estremamente popolare, come dimostra il gran numero di film ambientati in questo mondo. Perché, secondo lei?

ULTERIORI LETTURE

EDIZIONE DI RIFERIMENTO

Chrétien de Troyes (1914) *Yvain, il cavaliere del leone*. Trans. Comfort, W.W. Londra: Everyman's Library.

STUDI DI RIFERIMENTO

Burgess, G. S. e Pratt, R. (2009) *L'Artù dei francesi: The Arthurian Legend in Medieval French and Occitan Literature (La letteratura arturiana nel Medioevo)*. Cardiff: University of Wales Press.

Gray, M. (1992*) A Dictionary of Literary Terms (York Handbooks)*. [2a] ed. Londra: Longman.

Lacy, N. J. e Grimbert, J. T. eds. (2008) *A Companion to Chrétien de Troyes (Arthurian Studies)*. Ristampa ed. Woodbridge: D. S. Brewer.

McGuinness, P. (2017) *Poesia francese: From Medieval to Modern Times (Everyman's Library Pocket Poets)*. Londra: Everyman's Library.

Schultz, J. A. (2006) *Courtly Love, the Love of Courtliness, and the History of Sexuality*. Chicago: University of Chicago Press.

Zink, M. (2014) *La littérature française du Moyen Âge*. Parigi: Presses Universitaires de France.

Vogliamo sapere da voi!
Lasciate un commento sulla vostra biblioteca online
e condividete i vostri libri preferiti sui social media!

Perché scegliere Must Read?

Scoprite tutto quello che c'è da sapere su
un libro, con i nostri riassunti e le nostre
analisi concise e approfondite!

**Scoprite il meglio della letteratura
sotto una luce completamente nuova!**

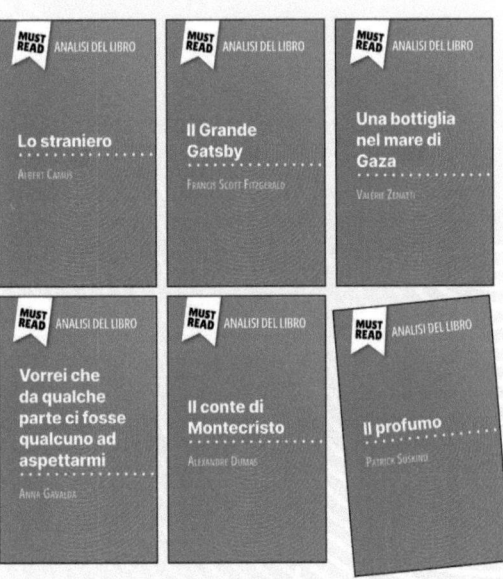

www.50minutes.com

Master ISBN: 9782808690089
ISBN cartaceo: 9782808611480
Deposito legale: D/2023/12603/1428

Copertura: © Primento

Concezione digitale a cura di Primento, il partner digitale degli editori.